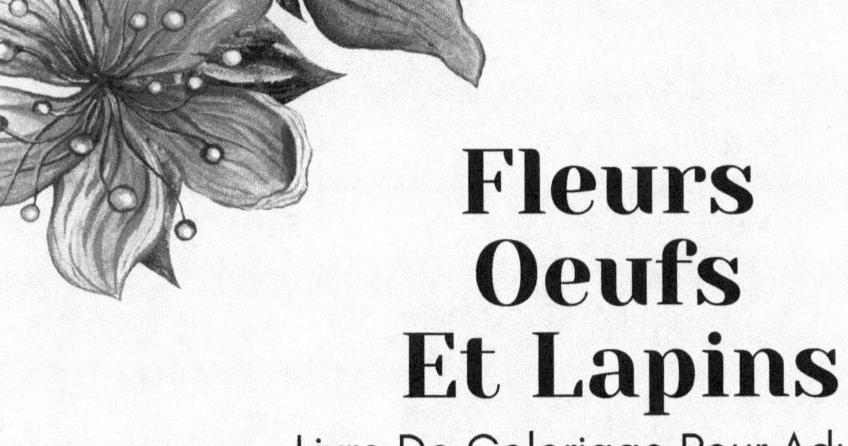

Fleurs
Oeufs
Et Lapins

Livre De Coloriage Pour Adulte

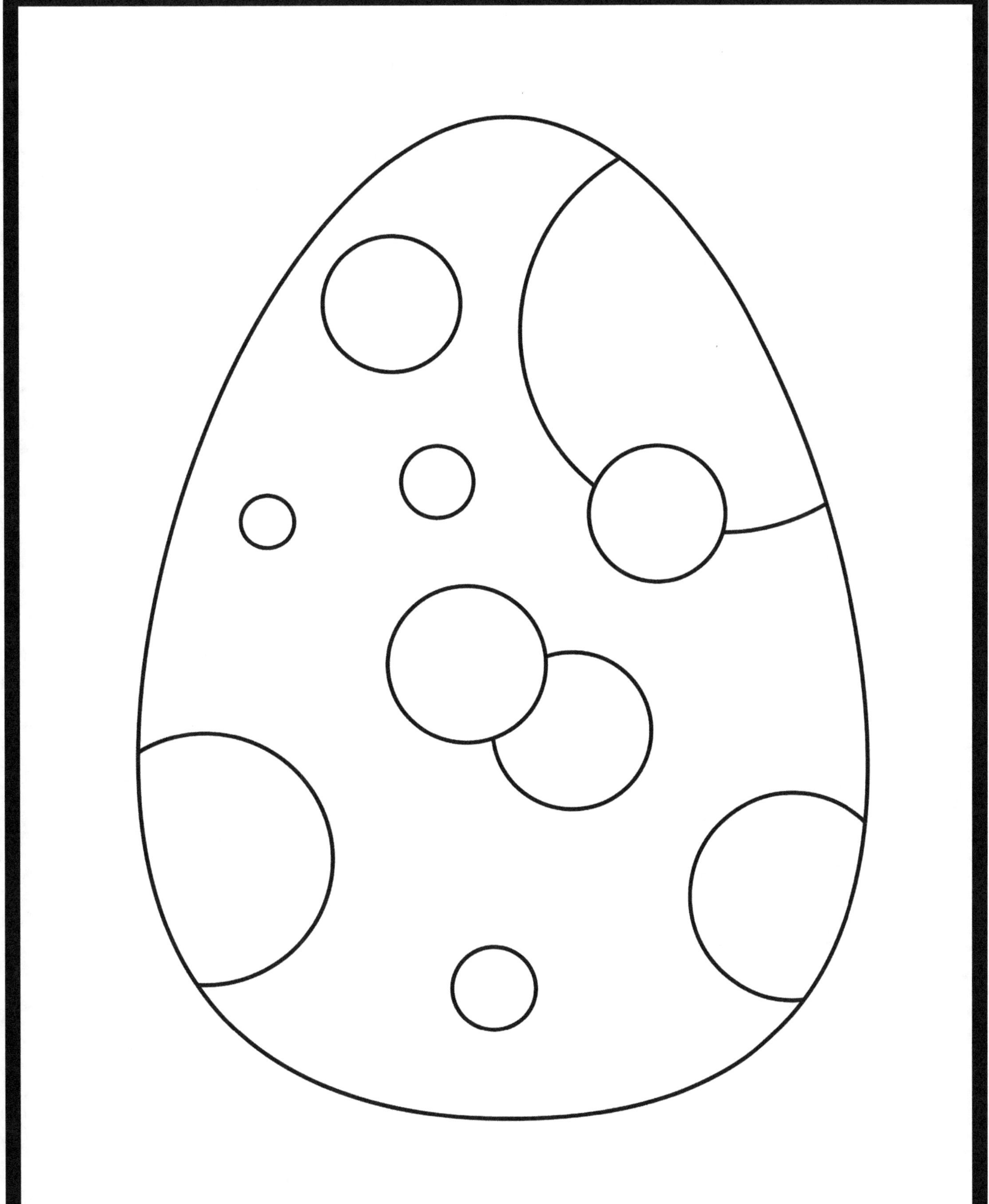

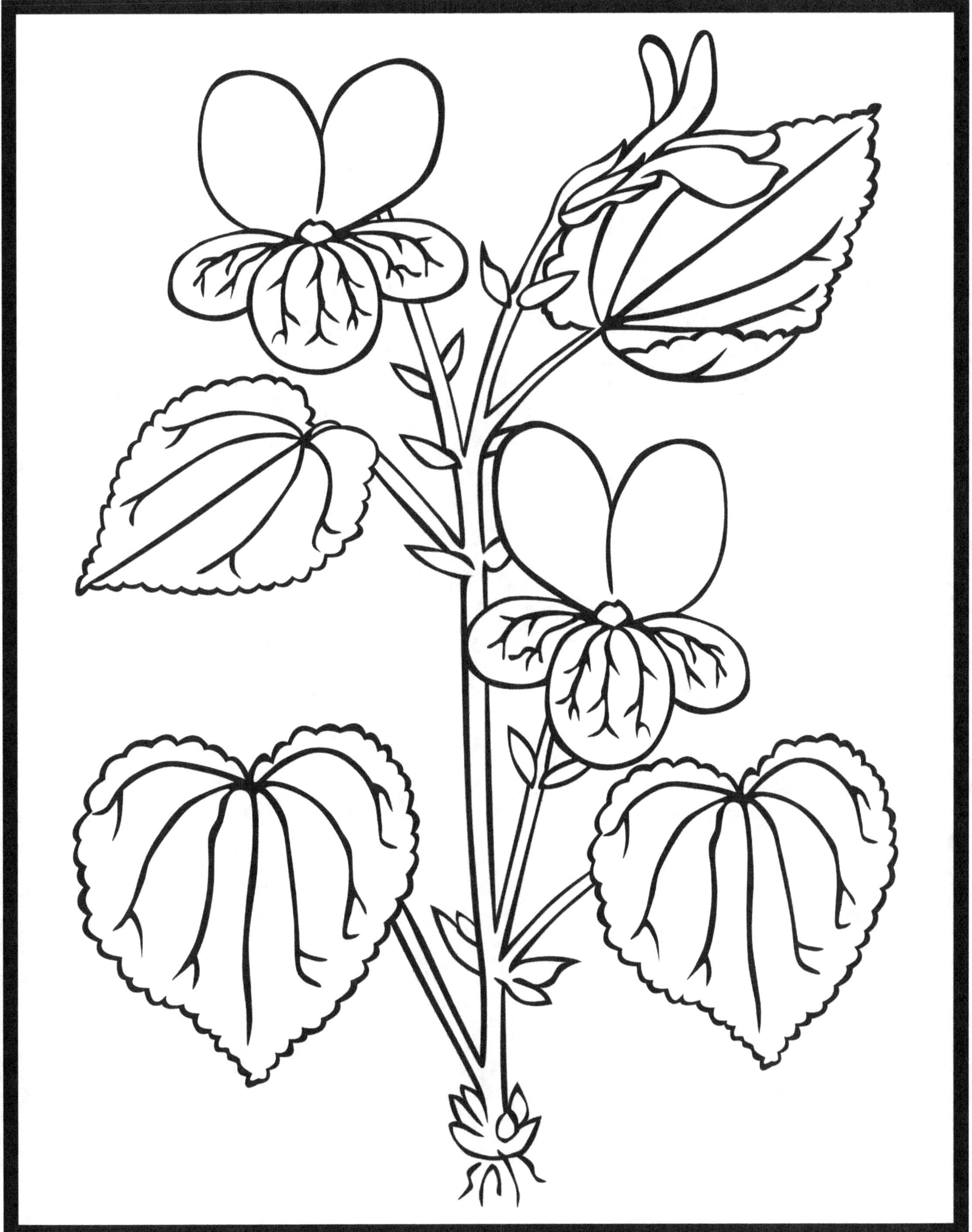

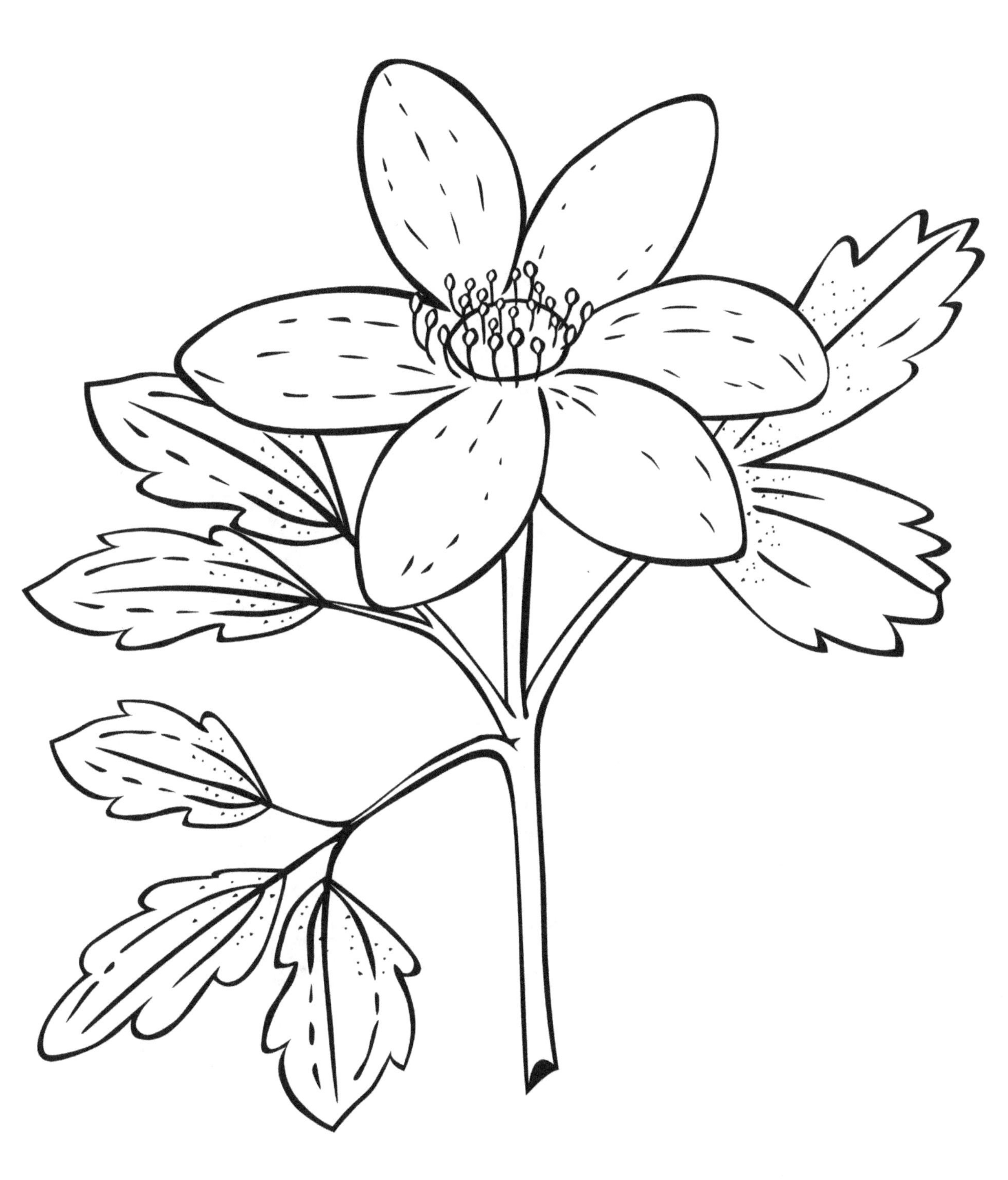

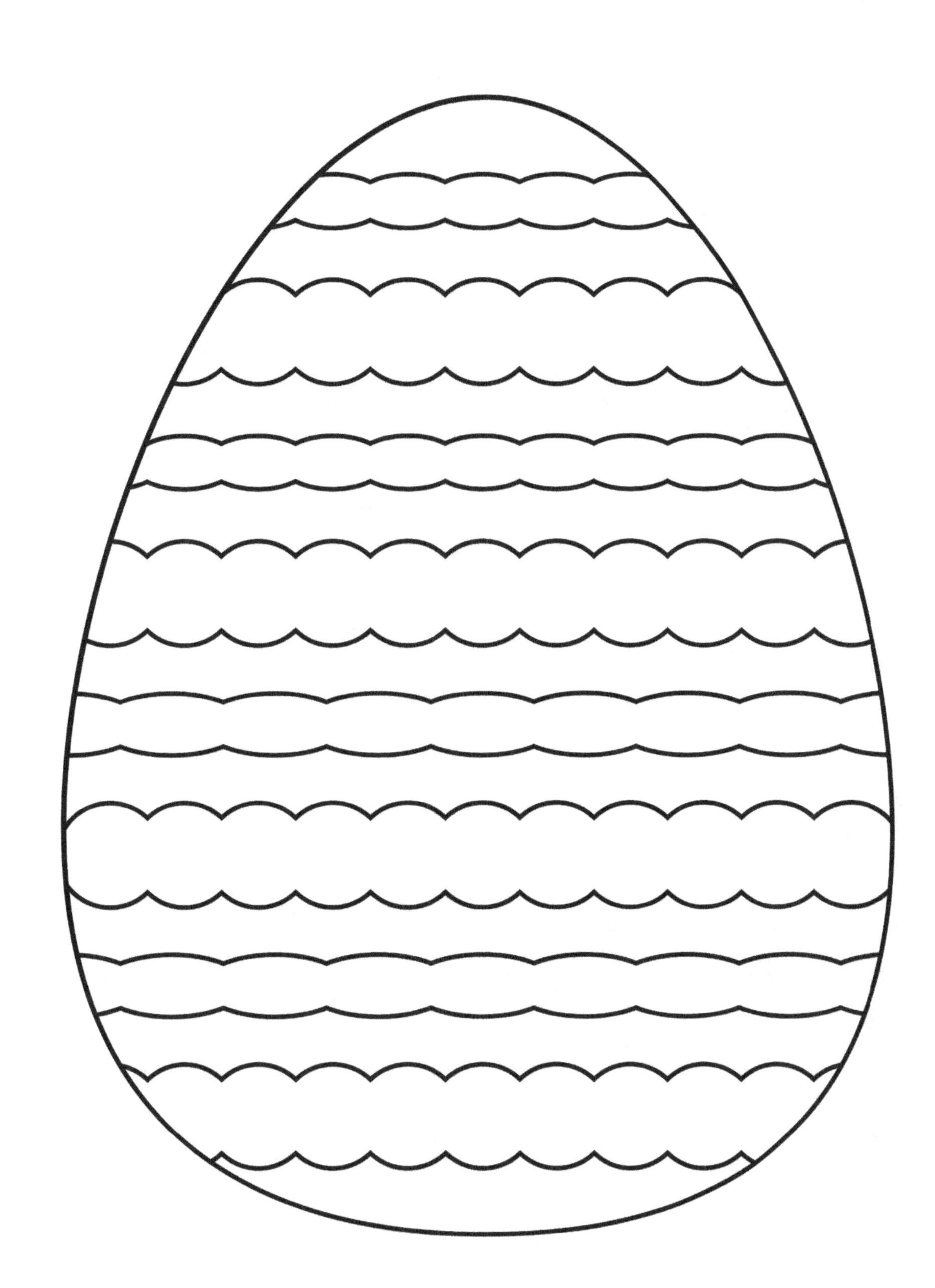